NEO BOOKS

1000+ Must Know Words in Ẹdo

Illustrated Ẹdo-English Dictionary

by Osahon Igbinedion

ẸDO ALPHABETS – IKUN OMAẸMWẸ

A Ahianmwẹn
Bird

B Break
Run

D Dan
Leap

E Ehẹn
Fish

Ẹ Ẹguen
Bat

F Fiaẹn
Cut it

G Giẹ
Laugh

GB Gbebe
Pick

GH   Ghughẹ
            Bend

H   Hoho
       To blow

I   Isanhẹn
     Key

K   Kọlọ
      Pluck

KH   Khian
        Walk

KP   Kpẹrẹbu
        Round

L   Le
     Cook

M   Muẹmu Ogiẹ
        Smile

MW Mwẹẹn
To have

N Niẹn
Stretch

O Ofen
Rat

Ọ Ọba
King

P Piẹn
Press
(Press the bell)

R Re/Rri
Eat

RH Rhọọ
Rain

RR RRaa
To Catch

S Siae
Ice

T Tie
Read

U Ukiofon
Scarf

V Vie
To Cry

VB Vbie
Sleep

W Wanme/Won
Drink

Y Yenyen-renyen
Big

Z Zaizai
Fast

ULABA VBE ẸDO –
NUMERALS IN EDO

1	**Owo/Ọkpa** One
2	**Eva** Two
3	**Eha** Three
4	**Enen** Four
5	**Isen** Five
6	**Ehan** Six
7	**Ihinron** Seven
8	**Erenren** Eight
9	**Ihinrin** Nine
10	**Igbe** Ten
11	**Owọrọ** Eleven
12	**Iweva** Twelve
13	**Iweha** Thirteen
14	**Iwenen** Fourteen
15	**Ekesugie** Fifteen
16	**Enen ẹi rrọ vbe ugie** Sixteen
17	**Eha ẹi rrọ vbe ugie** Seventeen
18	**Eva ẹi rrọ vbe ugie** Eighteen
19	**Ọkpa ẹi rrọ vbe ugie** Nineteen
20	**Ugie** Twenty

30	**Ọgban** Thirty
40	**Iyeva** Forty
45	**Isen yaen iyeva** Forty Five
50	**Ekigbesiyeha** Fifty
55	**Isen yaen ekigbesiyeha** Fifty Five
60	**Iyeha** Sixty
70	**Ekigbesiyenẹn** Seventy
75	**Isen yaen ekigbesiyenen** Seventy Five
80	**Iyenẹn** Eighty
85	**Isen yaen iyenen** Eighty Five
90	**Ekigbesiyisen** Ninety
95	**Isen yaen ekigbesiyisen** Ninety Five
100	**Iyisen** One Hundred
200	**Iyigbe /Uri** Two Hundred
400	**Iyugie-Iyisen Enen** Four Hundred
600	**Iyọgban-Iyisen Ehan** Six Hundred
800	**Iyiyeva-Iyisen Erenren** Eight Hundred

1,000	**Arriaisẹn** One Thousand
2,000	**Arriaisẹn eva** Two Thousand
3,000	**Arriaisẹn enen** Three Thousand
4,000	**Arriaisẹn enen** Four Thousand
5,000	**Arriaisen ehan** Five Thousand
10,000	**Arriaisen igbe** Ten Thousand
100,000	**Arriaisen iyisen** One Hundred Thousand

PARTS OF THE BODY – UKHU EGBE

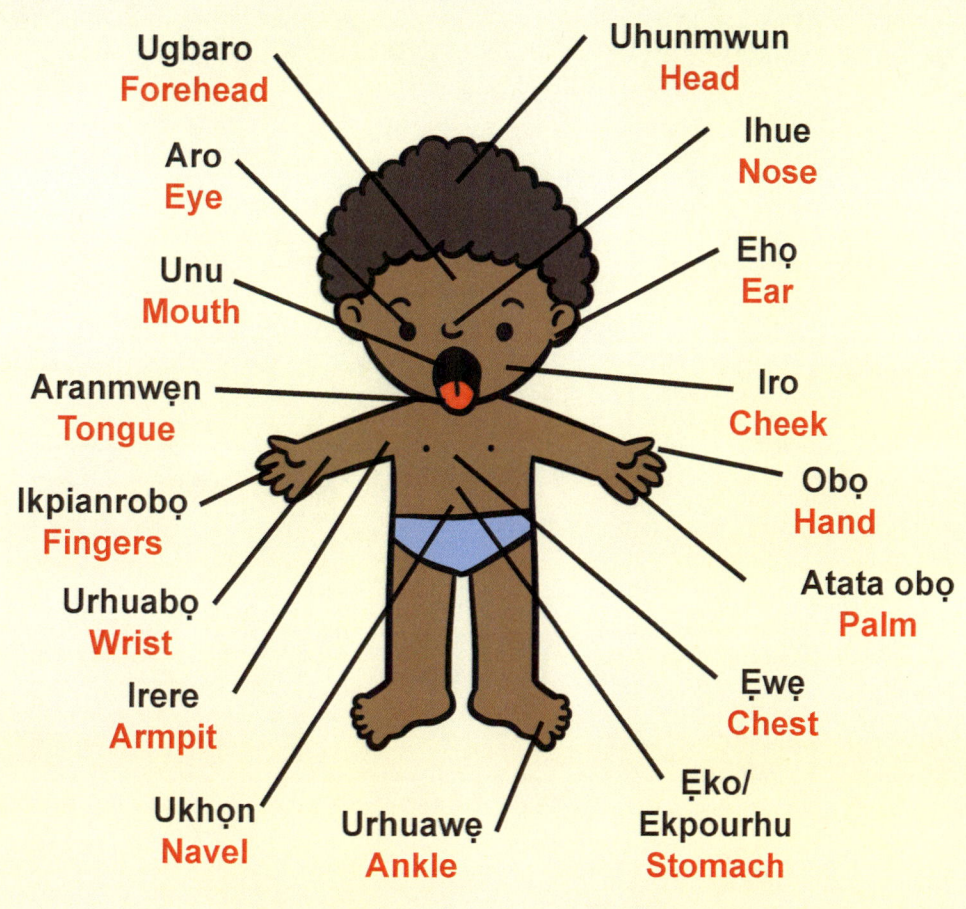

Ugbaro
Forehead

Uhunmwun
Head

Aro
Eye

Ihue
Nose

Unu
Mouth

Ehọ
Ear

Aranmwẹn
Tongue

Iro
Cheek

Ikpianrobọ
Fingers

Obọ
Hand

Urhuabọ
Wrist

Atata obọ
Palm

Irere
Armpit

Ẹwẹ
Chest

Ukhọn
Navel

Urhuawẹ
Ankle

Ẹko/
Ekpourhu
Stomach

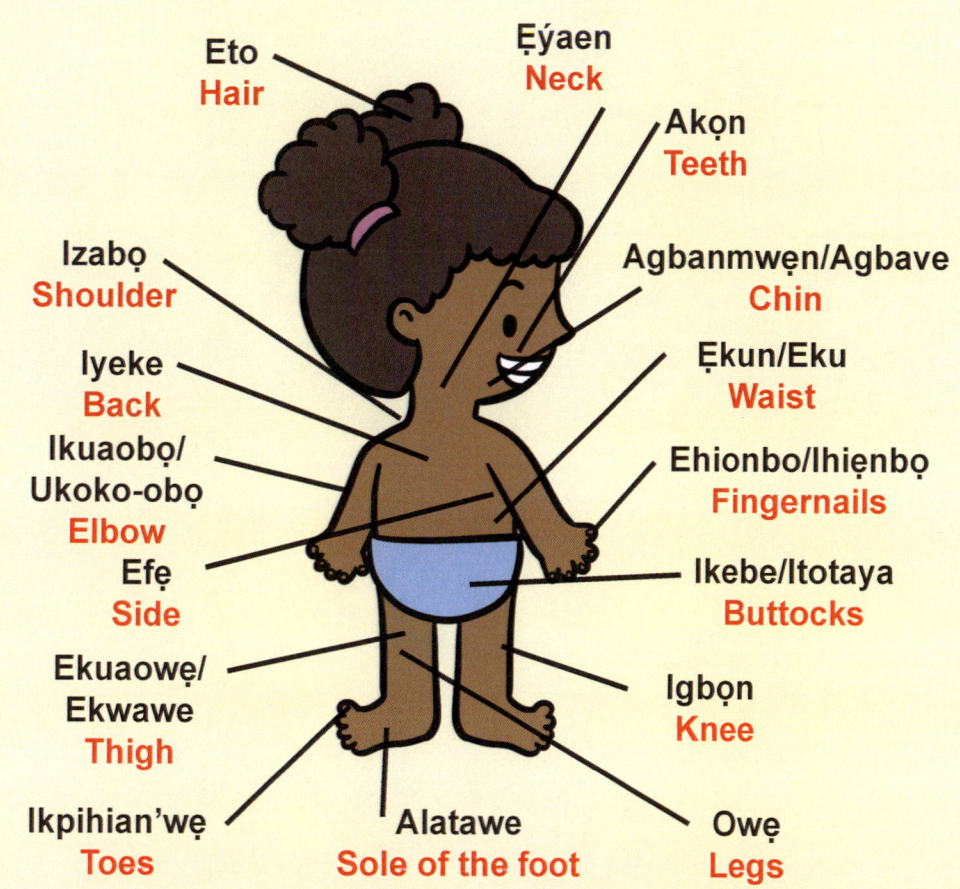

Eto
Hair

Ẹýaen
Neck

Akọn
Teeth

Izabọ
Shoulder

Agbanmwẹn/Agbave
Chin

Iyeke
Back

Ẹkun/Eku
Waist

Ikuaobọ/
Ukoko-obọ
Elbow

Ehionbo/Ihiẹnbọ
Fingernails

Efẹ
Side

Ikebe/Itotaya
Buttocks

Ekuaowẹ/
Ekwawe
Thigh

Igbọn
Knee

Ikpihian'wẹ
Toes

Alatawe
Sole of the foot

Owẹ
Legs

7

MONTHS OF THE YEAR – UKI VBE ẸDONAZẸ

Uki Aguẹ
January

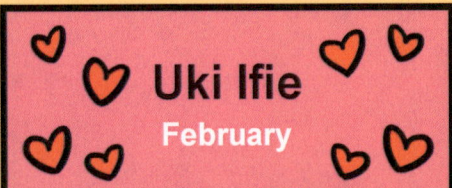
Uki Ifie
February

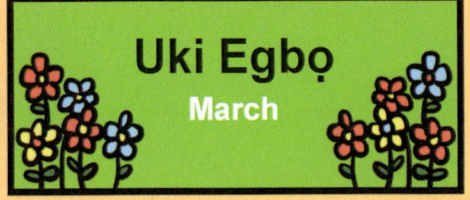
Uki Egbọ
March

Uki Ekhuẹn
April

Uki Egua
May

Uki Ikpẹsi
June

Uki Iviema
July

Uki Ohie
August

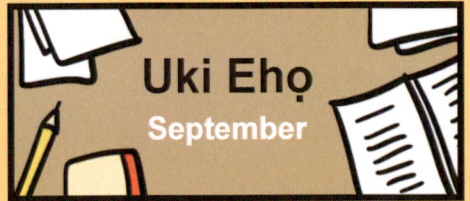
Uki Ehọ
September

Uki Emorhọ
October

Uki Ewe
November

Uki Iguẹ
December

DAYS OF THE WEEK – ẸDẸ VBE UZỌLA

Uzọla/
Izọla Nọkhua
Sunday

Ẹdokaro vb'uzọla/
Izọla Ẹdẹgbe
Monday

Ẹdogieva vb'uzọla/
Izọla Ẹdẹha
Tuesday

Ẹdogieha vb'uzọla/
Awaizọla Eva
Wednesday

Ẹdogienen vb'uzọla/
Irakhuẹ Izọla
Thursday

Ẹdogisen vb'uzọla/
Akhuẹ Izọla
Friday

Uzọla/
Izọla nekhere
Saturday

COLO(U)RS – EMU

Khuikhui/
Nékhùí
Black

Ìgolu
Gold

Èmùe
Gray/Ash

Ekhuiae
Brown

Èbébè
Green

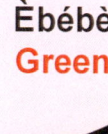

Alimo/Àlìmóí
Orange

Rẹghẹrẹghẹ
Pink

Asa/Esiliva
Silver

Fùà/Nofuà
White

Rrịẹrrịẹrrịẹ/
Èyelò
Yellow

Baa/Nobàá
Red

Íbúlú/Raghoragho
Blue

9

EMOTIONS – AGIẸNGIẸN EGBE

Oghọghọ
Happiness

Orhu/Mohu
Angry

**Ikhiẹgbe/
Ẹkobalọmwẹ**
Sad

Afianma
Fear

Muroo
Worry

Oyoyo
Joy

Wọọ
Tired

Khuọmwi
Sick/Ill

SEASONS – ẸGHẸ UKPO

Orhọ
Rainy

Ẹghẹ oni
Winter/Cold

Okhuakhua
Harmattan

Uyunmwun
Dry

Ato
Drought

Asia
Sleet

WEATHER – ASEFẸN ẸGHẸ

Okpe-ẹhoho
Storm

Rhọọ
Rain

Ikpin
Rainbow

Nyanya/Ugava
Thunder/Lightning

Ulamwẹ amẹ/Okpamẹ/Ro
Flood

Unyumwu
Sunny

Uzeze
Snow

Ẹhoho/Ozi
Breeze

AT HOME – VBE ÒWA

Ughugha
Bedroom

Aibanuafo
Underwear

Ekọsẹti
Brassiere

Ẹrhu
Hat

Ukohunmun
Pillow

Ẹwu
Shirt

Emiegbe
Necklace

Ukpo
Bed

Ugbegbe
Dress

Uborhe
Socks

Ugbẹkun
Belt

Oroka
Hand
RIng

Ẹrogo
Wristwatch

Ukpo - Clothes

Italawẹ
Trousers

Ikun/Ipalọ
Living Room

Umueye
Clock

Egbekhen
Wall

Ẹkpẹtinughe/
Etẹlẹvisọn
Television

Ewa
Carpet

Aga
Chair

Aga
Sofa

Okpan
Plates

Umwẹn
Salt

Uwawa
Pot

Esitovu
Stove

Efọki
Fork

Ekuyẹ
Spoon

Ẹrọ
Knife

Efigi
Refrigerator

Owa iku
Trashcan

Ukoni
Kitchen

Epaka
Dust Pan

Ukpu
Cup

Evbare
Food

Eteburru
Table

Owẹ
Broom

Agba/
Iyoko
Stool

Ukhunrowà
Ceiling

Ekhàrha
Umbrella

Ogba
Garden

Ibare
Compound

Ẹrhunrhunmwonwa
Roof

Obobo - **Flower**

Emwin ughe egbeken
Wall Portrait

Ẹkhu
Door

Erhẹn
Fire

Ewindo
Window

Ọgọ
Bottle

Ughegbe
Mirror

Ohi
Body Lotion

Ukpakọn (ebo)
Toothbrush

Egbowa
Toilet

Ẹkpẹtinẹhoho
Air conditioner
Urhukpa - **Lamp**

Ẹkpetin
Radio

Efani
Fan

Ekọnputa
Computer

Amẹ odidọn
Cold Water

Egun
Bathroom

Etọwẹ
Towel

Amẹ ener hẹn
Hot Water

Evbaakhue
Soap

Ihiọn
Sponge

Ẹghodo
Courtyard

FARM – UGBO

Ebubẹ
Dust

Adiyẹ/
Ọkhọkhọ
Chicken

Ighogho
Smoke

Egbalaka
Ladder

Ekọkọ
Padlock

Ọka
Corn

Ekatapila
Tractor

Okhuae
Basket

Elẹdẹ
Pig

Ọwẹre/
Ọgb'ugbo
Farmer

Etolotolo
Turkey

Ẹmila
Cow

Ẹguẹ/Aho
Hoe

Irri
Rope

Ikoroba
Bucket

Ewibaro
Wheelbarrow

Ofiotọ
Rabbit

Erhan
Wood

Ogba
Fence

Irunmwu
Grass

Ohuan
Sheep

Okuta
Stone

Ẹsin
Horse

Ugbeto
Scissors

Ọpia
Cutlass

Ẹwe
Goat

Óga/
Ọuga
Net

Ukpokpo
Stick

Orhọnmwẹ
Guinea Fowl

Ugava/Ughanmwẹ
Axe

Ikẹkẹ
Bicycle

14

FRUITS, VEGETABLES & NUTS – EMERHAN, EBE KEVBE IKPẸ

Ekasiu
Cashew

Etomatosi
Tomato

Ikhiavbor
Okra

Igahri
Cassava

Iyenbo
Sweet
Potato

Alimo
Orange

Ọka
Corn

Alimo Asidi
Grapes

Ebumwẹnkhen
Pumpkin

Ékhue
Eggplant

Ikpovbukhor
Bell Pepper

Íýan
Yam

Otien
Star Apple

Ogui
Bush Mango

Ivin/
Iviebo
Coconut

Alimo Negiere
Lime/Lemon

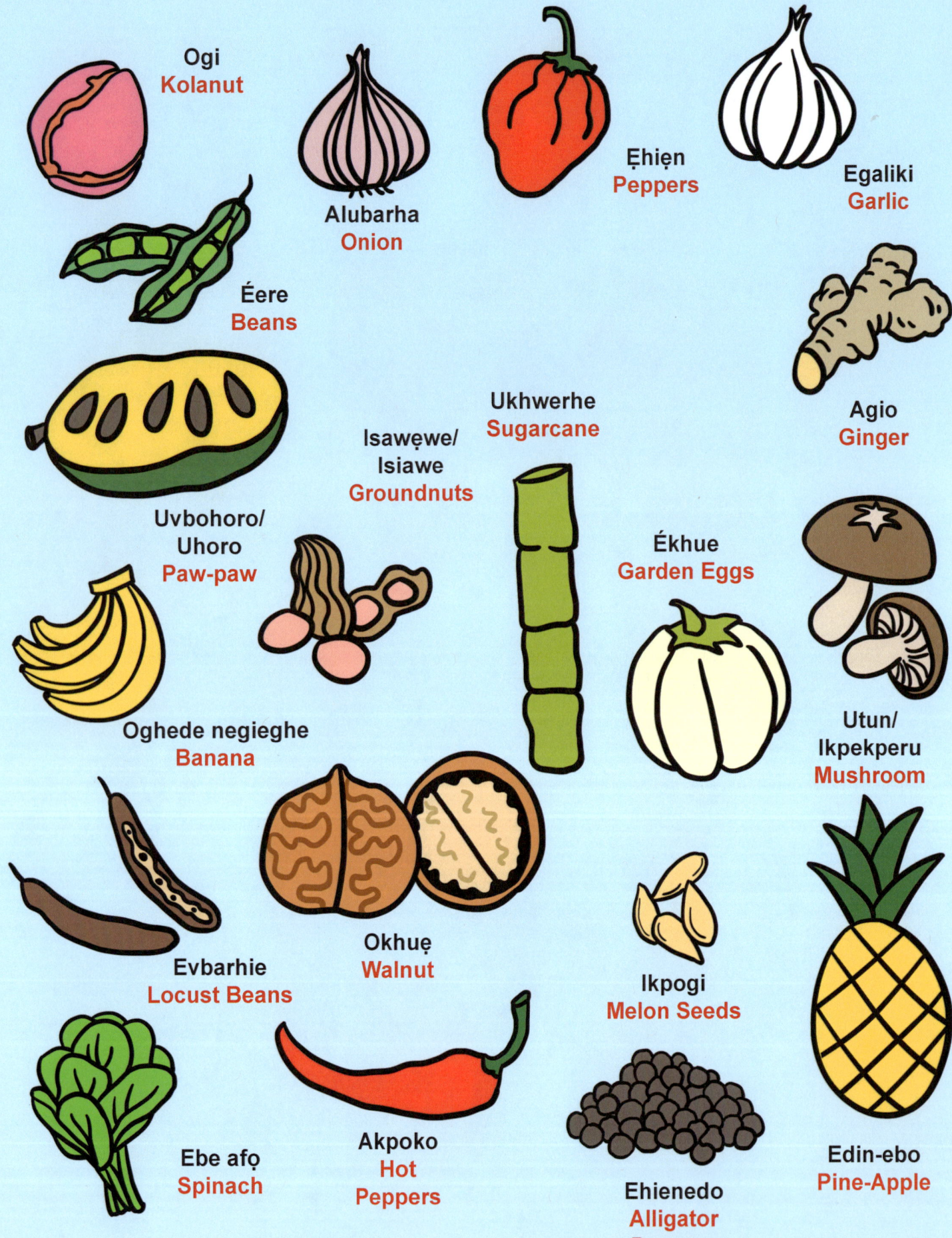

Ogi
Kolanut

Alubarha
Onion

Ẹhiẹn
Peppers

Egaliki
Garlic

Éere
Beans

Agio
Ginger

Ukhwerhe
Sugarcane

Isawẹwe/
Isiawe
Groundnuts

Uvbohoro/
Uhoro
Paw-paw

Ékhue
Garden Eggs

Utun/
Ikpekperu
Mushroom

Oghede negieghe
Banana

Evbarhie
Locust Beans

Okhuẹ
Walnut

Ikpogi
Melon Seeds

Edin-ebo
Pine-Apple

Ebe afọ
Spinach

Akpoko
**Hot
Peppers**

Ehienedo
**Alligator
Peppers**

16

ANIMALS – ARHANMWAN/ AREANMWE

Oghohon
Eagle

Okhuè
Parrot

Ahuara
Hawk

Idu
Dove

Eme
Monkey

Esughusughu
Owl

Ozi
Crab

Eguen
Bat

Okhaen
Hedgehog

Ovbieden
Cat

Ehen
Fish

Elikhukhu
Pigeon

Umuadiye
Fox

Ubidon
Cheetah

Nkop
Lobster

Eniamen/Oroboto
Hippopotamus

Akpakpa
Spider

Ozikpalor
Lizard

Ikian
Housefly

Ekpakpahunm-wangan
Scorpion

Imuẹ
Mosquito

Ugomugo/ Erhingohin
Ostrich

Agbaka
Crocodile

Egilẹ/ Ihionron
Snail

Ọtan
Squirrel

Ehenmwen
Cockroach

Ekpakara
Beetle

Ahianmwose
Peacock

Oguname
Shark

Egui
Tortoise

Ofẹn
Rat

Orrirri
Electric Fish/Eel

18

Eni
Elephant

Oduma
Lion

Erhue
Antelope

Akpakomiza
Hyena

Ekẹtẹkẹtẹ
Donkey

Ẹkpẹn
Leopard

Atalakpa
Tiger

Edi
Civet Cat

Alazi
Gorilla

Ẹde
Buffalo

Ẹhue
Rhinoceros

19

WORK – IWINA/WINNA

Ọgbalegbe
Police

Ọgualot'ẹmwi
Investigator

Ọs'ama
Artist

Ọkpemaba
Musician

Ọhue Eto
Hairdresser

Ọbiọmwa
Midwife

Ezinniya
Engineer

Ọbuohiẹn
Judge

Ọguiẹzọọ /
Omugui
Lawyer

Ọbo
Akọn
Dentist

Ovbirhuẹmwin
Student

Ogie-Obo
Professor

Ọdọlukpọn
Tailor

Ovarave
Butcher

Ọb'owa
Architect

Ogu
Blacksmith

Nonsi
Nurse

Ọgbehèn/Igbehèn
Fisherman

Ọmamwaemwin
Teacher

Ọsuohuan
Shepherd

Ọbo Ebo/
Ọbo Ebe
Doctor

Ọgu/
Ok'ẹhohó
Pilot

Ohuẹ
Hunter

Avbiogbe
Journalist

Ọguẹvbiotọ
Miner

Ẹwẹda
Welder

Ọkunikuemamase
Actor

Ọduẹki
Trader

Ọgbeto
Barber

Ọgb'ogiẹ
Comedian

Ọgbẹnebe
Author

Olevbare
Chef

VEHICLES & MEANS OF TRANSPORT – AVBE IMOTO VBE EDO/E VBA YA KHIAN

Epaki
Parking

Etazi
Taxi

Ebọsi
Bus

Okẹhoho/Okeho
Aeroplane

Etikẹti
Ticket

Okotọ/Imoto
Car

Emasini
Motorcycle

Okẹzẹ
Ship

Okerren
Train

BUILDINGS – EKPẸTẸSI/EGDEGE

Olodẹ
Injection

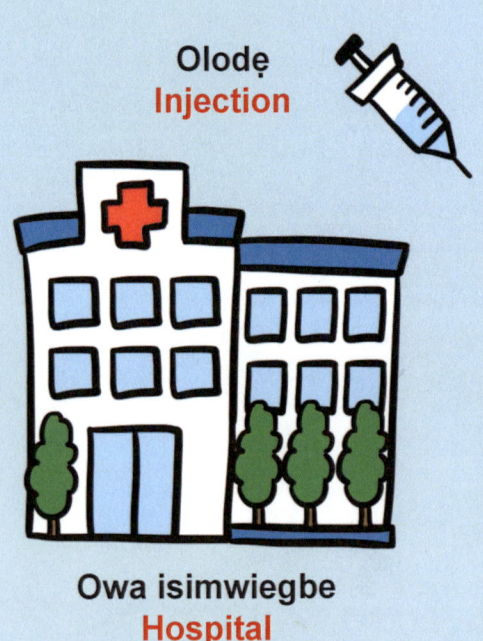

Owa isimwiegbe
Hospital

Ebe
Book/Paper

Esuku/Owebe
School

Igho
Money

Ọgiọrọ/Aban
Handcuffs

Owa aza igho
Bank

Owa ẹzọ
Law Court

Ehotẹ
Hotel

Ẹkpẹtin Ukpọn
Luggage

EVERY PERSON – ỌMWA

Ọdọ/Ọdafen
Husband

Amwẹ
Wife

Ọmọ
Child

Agbakpan
Bald

Ọrọ/Arọ
Paraplegic

Netukpu
Short

Nọkpọlọ/ Higboo
Big/Giant

Ọmwan Nọtaẹn/Taẹn
Tall

Giligilo/ Nyiyenyiye
Slender

Bẹtẹbẹtẹ/ Bọlọzọ
Full Figured

Afuozu/ Arhuaro
Blind

Kherre
Small

25

Okhuoba/
Okhuo
Woman

Agbekamezi
Elderly

Ovbiọha
Bride

Ọdọ
Groom

Okpioba/
Okpia
Man

Ovbialeke
Young Girl

Adesusu
Young Boy

Iyogie/
Ọvbokhonkhuo
Young Lady

Ọmọmọ
Baby

Ọba
King

Oloi
Queen

26

GREETINGS – OTUẸ

Koyọ!
Hello!

Ób'ówie!
Good morning!

Ób'ávàn!
Good afternoon!

Ób' ótắ!
Good evening!

Vbèè óye hé?/ Vbọyerẹ?
How are you?

Vbe ọ ye hẹẹ?
How are you?
(friendly)

Ób'ókhían!
Welcome!

Ọ te khian sẹ ẹdẹ eha!
It's been a while!

Ọ ye ẹse, u ru ẹse!
I'm fine, thank you!

U ru ẹse!
Thank you!

Ọb'evbaru!
Well done!

Ọ khian vbe ọzẹkpẹ!
Good bye!

Okhiẹn owiẹ!
Good night!

Ób'ówa!
Greetings to you at home!

QUESTIONS – INỌTA

De emwi?
What?

Vb'ọ/Inu/ Deubene?
How?

De ọmwa?
Who?

Vbe?
Why?

De ehe?
Where?

De ẹghẹ?
When?

COMMANDS – ASE/EVBAWARU

Kpaa!/ Gha khian!	Go!
Mudia!/Dia!	Stop!/Stay!/Wait!
Ghẹ yo!	Don't Go!
Kpaa!	Leave!
Larre emwa!	Come here!
Gha rrie evba!	Go there!
Guan!	Speak!
Gue unu!	Be quiet!
Gi a kpaa!	Let's go!
Fẹko!	Be careful!
Totaa!	Sit down!
Gu mwẹ ma ruẹ ẹre!	Let me show you!
Da ehọ!/ Danmwenhọ!	Listen!
Tan sẹ	Taller
Tẹkpu sẹ	Shorter
Lahọ	Please
Ghẹ gui/Koyọ	Sorry

DIRECTIONS – ODẸ

Obiyọmwan
Left

Oberrọmwan
Right

Igbefen/Odiyeke
Behind

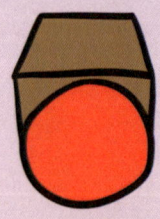
Odaro
Front/Forward

Odukhun
Above/Up

Otọ
Down

Uhunmwu
On top of

Ototọ
Under

28

COMPASS – AMA AHONDE/ AMA'OGHE ODE

Okuọ/(E)Ihan - **North**

Orrie
West

Ekẹn
East

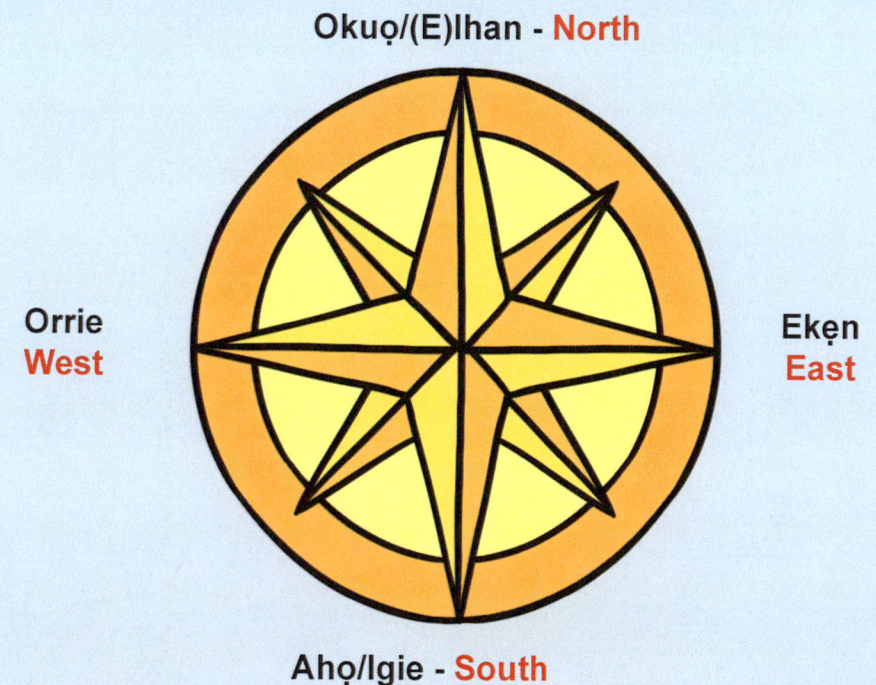

Ahọ/Igie - **South**

NATURAL CREATIONS – IYI AGBON

Owẹn
Sun

Ùkhùnmwù
Sky

Agukisinmwiongie/Oronmwen
Star

Iso
Cloud

Uki
Moon

29

POSITIONS – AVBE IKPẸMWEN/ IH'EGBE

Tota
Sitting

Ovbẹ/Ighugh
Bending

Imiegberrieotọ
Kowtow
(Head to ground)

Ilovbiẹ
Lying Down

Digiẹn/Rhuẹ
Squat

Diguẹ
Kneel

Mudia
Stand

Dọn
Lean

Lovbie
Lie Down

SCHOOLS – ESUKU/OWEBE

Sukuigari/
Ow'eben'ọk'otọsẹ
**Kindergarten/
Nursery**

Owirhuẹmwin/Ow'eben'ọyo
Secondary

Owirhuẹm-
win biẹleka/
Ow'eben'ọk'otọ
Primary

Owebenon-
yosẹ
University

Ọta (n)/ Ta/ Guan (v)	Talk
Enwaniẹ (n) / Khuẹnniẹ (v)	Answer
Inọta (n) / Nọta (v)	Question
Hẹẹn	Yes
Hẹẹnro	No
Ah'ẹmw'ọm-wa	Love
Mayẹẹ	Hate/Dislike

PERIOD OF THE DAY – ẸGHẸ VBE ẸDẸ

Owiẹ
**Sunrise
(7am-11am)**

Ogie avan
**Afternoon
(Noon-2pm)**

Avan
**Early Evening
(3pm-5pm)**

Ebiebi
Darkness

Urhukpa
Light

Akota/Ota
**Late Evening
(6pm-8pm)**

Asọn
**Late Night
(9pm-11pm)**

Ogie asọn/
Ason
kankankan
**Midnight
(12-2am)**

Owiẹfioro
**Dawn
(4am-6am)**

Sẹkonsi/ Ibunaro	Seconds
Ifuanro/ Ifuẹn aro	Minutes
Ẹrogo/Áwa	Hours
Ẹdẹ/Edegbe	Days
Uzọla	Week
Uki	Month
Ukpo	Year
Ẹrẹna	Today
Akhuẹ	Tomorrow
Nodẹ	Yesterday